JN409266

석정원 뜨락에

꽃잎 파문을 그리며

석정원 뜨락에 꽃잎 파문을 그리며

인　　쇄　2015년 10월 25일
초판1쇄발행 2015년 10월 30일

지 은 이　석용호
펴 낸 이　양상구
웹디자인　김초롱
펴 낸 곳　도서출판
주　　소　100-861 서울시 중구 삼일대로6길 13
(서울빌딩202호)
전　　화　02-704-3301
팩　　스　02-2268-3910
H . P　010-5466-3911
E.mail　ysg8527@naver.com

정 가 10,000원

채운재 시선 61

석정원 뜨락에 꽃잎 파문을 그리며

석용호 제4시집

도서출판 채운재

제4 시집 발간에 붙이는 글

광복 70년 희망 30년 을미년을 맞이하여 한 해 동안 틈틈이 갈고 닦아온 작품들을 모아 2016 丙申年을 맞이하여 제4집으로 올려 보았습니다.

저의 작은 꿈의 하나는 가을 낙엽처럼 한잎 두잎 쌓여 가듯이 한편 한 편의 시를 모아 한 권의 시집으로 이렇게 모아서 칠순 날에는 제7집을 출간하여 지금까지 함께 해주신 모든 분과 함께 칠순을 겸하여 제7집 출판기념회도 열고 개인 북콘서트 행사라도 열어 나눔을 뜻을 전하려는 계획 중 하나로 오늘의 제4 시집 출판의 한 걸음을 나서게 되었답니다.

제가 태어난 곳은 산골 중 산골 충청도 두메산골 백두대간의 등줄기 태백산맥에서 비켜선 소백산맥에 자리한 달이 뜨면 더욱 아름답다는 월악산 영봉이 사시사철 내려다보고 지켜고 있는 산골 마을 덕산고을 언제라도 반겨주고 기다리고 있는 정든 내 고향 정든 우리집 석정원이 머물고 있는 곳입니다.

제가 초등학교를 마치고 금수산이 내려다보는 청풍명월의 본고장 청풍으로 중학교 유학을 떠나던 때가 13살 고향 마을을 떠나오며 나중에 더 배우고 자라나고 돈도 많이 얻게 되면 초가삼간 고향집 새로 마련해서 그동안 고생하신 우리 부모님 좋은집 마련해 드리고 좋은 옷도 사드리고 맛있는 음식도 해드리겠노라 마음속 다짐을 하고 떠났던 동구밖길...까만 머리 소년은 어디 가고 반백을 훌쩍 넘어 새로 시작한 나이가 여섯 살. 그때의 약속을 지키려 옛 집터에 새롭게 석정원을 신축하였으나 세월을 잡아두려하니 잡아둘 수 없어 아버지께서는 기약 없는 길을 떠나셨고 어머님만 모시게 되어 그나마 마음에 빚을 조금이라도 덜게 되었답니다.

석정원을 모태로 주변의 자연에서 보고 느낀 것을 글로 남기고 담아서 첫 시집 『꽃잎 허공에 파문을 빗다』를 출간하였고 석정원 신축 기념으로 제2 시집 『석정원 마음에 그림 그리며』를 제3 시집은 『석정원 뜰에 꽃이 피며』를 저의 시집은 석정원을 둘러싸고 있는 자연과 삶에 대하여 소재로 하였으며 그 바탕 위에 뿌리를 두고 있어서 보기에 따라서는 산문적이고 서정적 내음이 날것으로 사려 됩니다 이해하시면서 보아 주시면 감사하겠습니다.

석정원은 곧 저의 고향이요 마음에 안식처입니다. 살아온 날보다는 남은 날들이 점점 작아지는 현실에서 무엇을 더 바랄 것도 얻을 것도 없으며 남은 여생을 이곳에서 누리다가 때가되면 떠나가는 것이 자연의 이치요 순리라고 생각하며 항상 나눔을 생각하면서 글과 함께 생활하렵니다.

부족한 저의 글이지만 소중히 보아 주시기를 바램으로 출간 인사에 대신코자 합니다. 귀 댁내에도 날마다 아름다운 날들과 행복이 가득하시기를 축원 드립니다. 감사합니다.

2015년을 보내며 석정원에서

石花 / 석 용 호 拜上

차례

1부 가을의 서곡

2부 등불을 켜고서

차례

3부 석정원 뜨락에도

4부 능소화 기다림

차례

5부 청풍명월

1부
가을의 서곡

아름다운 금수강산

백두산 천지 물은
두만강 따라 동해로
압록강 따라 서해로

한라산의 백록담 물은
제주도를 안고 흐른다

백두에서 한라까지
아름다운 금수강산
사랑하는 나의조국

곳곳마다 무궁화 심어내어
아름다운 삼천리 꽃길 되고
영원히 피어나 금수강산 이루리라

<제4회 무궁화문학상 출품작 2015년 8월>

창문을 열고 보니

수리산 쪽 창문을 열고 보니
아직은 코끝이 차갑게 느껴지고

저 멀리 보이는
수암봉 언덕에는 잔설이 보여도

가까운 곳의
나뭇가지는 기지개라도 켜려는 듯

골짜기에서는
얼음장 밑으로는 물 흐르는 소리가

멀지 않은 곳까지
봄의 전령사들이 달려오고 있는 듯
작은 속삭임이 소근소근 들려옵니다.

<수리산언덕을 바라보며 2015년 2월>

봄 마중

봄이 온다는 소식에
집 밖으로 나서보니

숲 속 나뭇가지는
눈이라도 떠보겠노라고

산길 옆 복수초는
노오란 나비춤을 추고 있고

겨울잠에서 깨어난
다람쥐는 준비 운동하느라

들녘으로 나서는 농부
지게 위에는 쟁기가 춤을 추고

논두렁 밭두렁 아낙들은
봄이라도 캐어 보겠노라고

가세가세 우리 모두 같이 가세
언덕 넘어 봄 마중 함께 떠나가보세

가족

단단한 바위기둥이 되어
따뜻한 숨결 부둥겨안고
행복이 옹기 안에 가득하다

위아래로 포용의 사랑으로
서로서로가 화해로 뭉쳐
모두 다 함께 기쁨을 나눈다

지구가 멸망해도
또다시 태어나도
영원히 변치 않는

태어나서 무덤까지 소중함 여기며
지켜가는 아름답고 고귀한 인연은
가족이라는 소중함이어라

춘심

지나가는 여인의 옷자락이
짧아졌나 슬며시 바라볼 때

고향 마을 뒷동산에 올라
목청 돋워 소리쳐 보고 싶을 때

겹겹이 껴입었던 옷가지를
하나씩 껍질처럼 벗어던져 버릴 때

폰에 실려 오는 문자들이
점점 따뜻하게 느껴지면

산에서도 내려오고
들에서도 돋아나고
사람들의 마음에도
피어나는 春心을 무엇으로 감당하리오

가을의 서곡

목청껏 부르던 매미는
시원한 바람이 두려운 듯
가냘픈 소리로 멀어지고

풀 벌레들은
우리들 세상이라며
산과 들에 뛰어다니며 춤을 춘다

들판에는 황금물결 속에
풍년을 기약하려는 듯
오곡들이 속삭이고 있다

논에는 나락 익는 소리가
언덕에는 과일 익는 소리가
합창곡 되어 가을의 서곡으로 들려온다.

오월이여

하늘에 따뜻한 햇볕에
꽃향기 사방으로 휘날리며
꿈만 같은 꽃동산을 이루고 있다

앞산에는 진달래가
뒷산에는 철쭉꽃이
미소 지며 오라고 손짓한다

오월의 꽃 아카시아 향기는
잠들고 있던 순수한 영혼을 깨우듯
어린아이와 같은 순정을 준다

친구와 소중한 우정 쌓았고
연인과 사랑 나누며 좋아하던 계절
오월이여 제자리에 멈추어다오

날마다 행복이

낮에는 맑은 하늘의 태양이
밤에는 밝은 달빛이 흐르며

산에는 나무가 숲을 이루고
강에는 맑고도 고운 물줄기

대지에는 꽃들이 피어나고
들녘에는 오곡이 익어가며

내 안 속에는 그대가 있고
그대 속에는 내가 존재하며

날마다 이웃과 함께하고 사랑하며
다 함께 더불어 누려가는 행복에 찬 날들이어라

2월의 끝자락

나뭇가지 끝자락에 매달린
마지막 잎새처럼 대롱대롱
사라지는 두려움에 떨고 있는 2월

3월이 오기에 2월이 떠나는 것인지
2월이 떠나기에 3월이 오는 것인지
아무리 발버둥 쳐도 때가 되면
떠나가야 하는 무정한 세월

겨울이 아무리 춥고 길다고 해도
봄이 기지개를 펴는 소리에
꼬리를 내리고 떠나갑니다

때가 되면 물려주고 떠날 줄 아는
자연의 섭리처럼 사람들 또한
오는 사람 있으면 가는 사람도 있고
가는 사람 있으면 오는 사람도 있는 것

희뿌연 나뭇가지 사이로
3월이 고개를 기웃거리는 사이
2월이 아쉬움에 떠날 채비를 하고
무거운 발길을 재촉하고 있답니다

고향의 봄 풍경

얼룩빼기 황소가
밭갈이하던 들녘에는
경운기가 대신하고

아낙네들 봄나물 캐려고
호미질 하던 들판에는
비닐하우스가 차지하고

진달래 꽃잎 따던
뒷동산 언덕에는
잡목들이 정글을 이루고

겨우내 모아 두었던 옷
우물가 빨래터에는
수도꼭지가 대신 지키며

연로하신 어르신
봄볕이라도 쬐러 나오시던
토담 길은 회색 시멘트 길로

다시는 돌아오지도 찾아볼 수도 없는
꿈에서나 그려보는 고향의 봄 풍경이어라

산의 아름다움

나뭇잎만 쳐다보아도
나뭇가지까지 멋지다고
나뭇가지 부여잡고
나무까지 아름답다고 하네

나무만 바라보아도
숲이 멋지다고 하며
숲이 우거진 것만 보고도
산이 아름답다고 하네

산 정상에 올라 내려다보니
온 천지가 숲으로 이루어져
마음도 푸른 숲 속으로 쉼을 찾는다
호연지기를 외칠 때 비로 서 알 수 있음을......

갈대의 노래

숨 가쁘게 달려온 세월을 보듯
청춘의 연녹색 이파리는 어느새
빛바랜 누런 갈대로 휘감아 버렸다

바람이 불어올 때마다
꼿꼿한 허리는 활처럼 휘어지고
머리카락은 하얀 체

마디마디 매듭진 몸뚱이는
세파에 시달린 노구 되어
이리저리 흔들거리며 굳게 서 있다

가을바람 따라
토해놓는 갈대의 소리 선율 되어
창공으로 솟구쳐 흩어진다

가뭄

하늘이 진노라도 하였는가
지심이 분노라도 하였는지

들판에는 물기라곤 찾을 길이 없고
수목들의 잎새들은 시들시들하고

시냇물 졸졸 흐르던 개울물도
유람선 싱싱 달리던 호수 물도

여기서 저기서 농작물 타들어 가며
사람들 마음도 애타게 타들어 가네

농자는 천하지 대본이라 하였는데
농심이 곧 천심 천심 또 한 농심인데

자연환경을 파손한 댓가의 가뭄 고통을
온 누리 마다 사랑의 물세례로 안아 주옵소서

빛바랜 상념

오십 년의 긴 세월과 그 자리들
억만금을 준다 한들 단 일초도
되돌릴 수도 없는 그 시간을
애써 되돌려 보겠노라고

어린 시절 갖고 있던 추억을
젊은 시절 품고 있던 연정을
또 하나의 시계탑을 쌓아 보려고
새로운 추억을 만들어 보겠노라고

세파에도 흔들리지 않고
변치 않은 옷자락을 걸치고
빛바랜 상념을 되찾을 수 있을지
강물에 묻혀 바다로 흘러갔다

아쉬워도 말고 안타까워도 말자
지금까지 가슴에 담고 지내오고
살아온 것만으로도 행복했었노라고

休만을 마음껏 누리며

바다에서는 하얀 파도가
넘실대며 빨리 오라고 유혹하며

계곡에서는 시원한 물줄기가
고공 낙하 묘기를 부리며 오라고

포도밭에서는 알알이 익어가는
포도송이가 달콤한 향기를 뿜어내며

호수에서는 물살을 가르며
수상스키가 달려가며 손짓하는 팔월

이마에 구슬땀 흐르도록
열심히 달려온 팔월이여
休만을 마음껏 누리는 날들이 되옵소서

열대야 담금질

메달 경쟁이라도 하려는가
지역별 기온 기록 경신이
날마다 바꿔가며 뉴스 나오고

한낮에는 그래도
이리로 저리로 옮겨 가며
낮은 곳으로 폭염을 피해 보지만

밤까지 이어지는
지칠 줄 모르는 무더위는
새벽이 넘어서야 한숨 내신다

담금질 후에 무쇠가 나온다 하지만
몸과 마음마저 지치게 하는
열대야 담금질은 언제쯤 멈추려는지

가을 칠하기

모두가 잠든 밤이면
수십에서 수백 명의 화공이
산 정상부터 칠하기를 시작하더니

캄캄한 어둠 속에서
물감을 엎지르지도 않고
밤마다 조금씩 조금씩

흥분한 화공은 빨간색으로
노련한 화공은 노란색으로
혈기의 화공은 파랑색으로

어느새 아래까지 울긋불긋
가을 수채화를 그려 놓고는
새벽 운무 속에 단풍이 되었다

아기 울음 소리

인구의 억제 정책으로
출산을 인위적으로도
제한을 하였던 시절

사회가 진화의 물결 따라
도시도 농촌도 구분 없이
탄생의 소리는 감소상태

인구증가 추세가 정지되고
나 홀로의 시대로 변해가는
현실 앞에 씁쓸한 마음이며

삼십 년 만의 갓난아기 울음의 소리가
집안에 아름다운 선율로 가득히 채워주니
기쁨이 넘치는 온 가족 행복이어라

*손주 아기의 울음 소리 들으며 2015년 4월 4일

가을 사랑

이리저리 공굴리기도 해보고
마른행주 짜듯 비틀어도 보고
멋있게 보이려 다듬어도 보는
머리만으로 꿈꾸는 사랑

수단 방법을 가리지 않고
내 것으로 만들려고 힘도 써보고
용기는 제치고 객기만 부려보는
몸을 무기로 앞세운 몸부림 사랑

속마음이란
마이크로보다 더 작고
바다같이 넓고 깊어서
끝이 보이지 않는 미로 같은 마음

바람 따라 쓰러지고
흔들리는 갈대처럼
바람같이 왔다 가는
바람 따라 사라지며
잡으려 하면 어느새
창공으로 달아나는 바람 같은 가을 사랑

골목길

새벽의
신문 배달 외치는 소리
기상나팔처럼 들려오고

한낮의
굴뚝 청소 외침은
정오를 알려주고

저녁의
메밀묵 찹쌀떡 장수 외침에
밤참 생각으로 군침이 돌고

한밤의
야경들 딱딱이 치는 소리에
백열등 꺼지고 이불 속으로

통금을 알리는 사이렌 소리는
오늘 하루 우리 가족
무사함에 감사의 기도처럼

정겨움이 묻어나던 골목길
다시는 들을 수 없는
그때 그 소리는 어디로 떠난 것일까

한해의 끝자락

나뭇가지 끝자락에 매달린
마지막 잎새 처럼 대롱대롱
사라지는 두려움에 떨고 있는 12월

새해가 오기에 12월이 떠나는 것인지
12월이 떠나서 새해가 오려는 것인지
아무리 붙잡아도 떠나가는 무정한 세월

때가 되면 물려주고 떠나는 자연처럼
오는 사람 있으면 가는 사람도 있고
가는 사람 있으면 오는 사람도 있는 것

희뿌연 나뭇가지 사이로
새해가 고개를 기웃거리는 사이
12월을 말없이 추억 속으로

2부

등불을 켜고서

인생의 골든타임

인간으로 태어 낳음을
두 주먹 불끈 쥐고
우렁차게 외침으로 시작된 인생살이

젊은 시절에는 꿈도 크고
태양보다 더 뜨거운 열정에
밤하늘의 별이라도 따올 수 있는 패기까지

중년의 시절을 지나 장년의 시절에는
오로지 앞만 보고 달려온 세월
정상의 고개를 넘어 내리막 길로

대망의 꿈으로 출발했던 초심은
어디에 있는지조차 모르게
작아지고 끝내는 지워져 가려 하네

세월이 흐를수록 초조해지고
육신마저 지쳐가는 황혼기
돌아보니 영화는 고행길만 남은 듯

인생의 골든타임은
날마다 오늘이라고 외치고 싶어라

삶의 무게여

살아가는 동안에
우리가 느끼는 삶은
나이에 따라서도
계절에 따라서도 다를 수 있다

하루하루 변하는 세상
사람마다 주어진 환경이 다르지만
추구하는 욕망을 따라
어쩔 수 없이 끌려간다

지구무게 만큼이나 무겁게
공기무게 만큼이나 가볍게
욕심의 짐을 내려놓고 사노라면
공기보다 더 가볍게 살아갈 수 있으려니

사랑과 情

사랑은 용광로 같이 뜨겁고
정이란 온돌방처럼 따뜻하다

사랑은 세월이 갈수록 식어가지만
정이란 오래갈수록 두터워진다

사랑은 떠나가면 상처를 남기고
정이란 떠나가도 연정을 남기며

사랑은 눈에서 멀어지면 마음까지도
정이란 눈에서 멀어져도 그리움 가득하고

한순간의 아름답고 달콤한 사랑보다는
낙엽처럼 쌓여가는 정으로 남고 싶어라

끝없는 그리움

아무리 길고도 긴
지루한 장마도
때가 되면 그치게 되고

거북 등처럼 갈라지는
가뭄도 시간 지나면
비가 내려 해갈이 되며

아름다운 꽃이라 해도
때가 되면 시들고
끝내는 낙화 되어 사라지고

여름날 파란 잎새도
가을 되면 단풍 되어
낙엽으로 떨어지는데

낮과 밤이 바뀌고 세월이 흘러가도
지워지지 잊혀지지도 않으며
그칠 줄도 멈추지도 않는
내 안을 휘몰아치는 그리움을 어찌하리오

인연의 꽃

부모와 자식의 만남은
전생으로부터 시작된
피할 수 없는 인연이었네

당신과 나의 만남
생면부지의 남남으로 만나
부부로 살아가는 인연

세상을 살아가는 동안
자를 수도 끊어 낼 수도
잊을 수도 버릴 수도 없는 인연

내가 태어난 고향
나를 길러주신 부모님
평생을 함께 살아가는 부부
우리가 낳은 자식

억만금을 주고도
바꿀 수도 피할 수도 없는
인연 중의 인연 삶의 뜨락에
피어난 인연의 꽃들이어라

등불을 켜고서

자신을 태워서
어둠을 밝혀주는 등불

꺼질듯하다가는
되살아나는 등불

내한 몸 태워서라도
세상 밝은 빛으로 살 수만 있다면
무엇이 아까우리오 바라겠는가

어두운 곳이라도
아무리 힘들고 험해도
기꺼이 찾아 나서리라

아픈 사람에게는 건강을
슬픈 사람에게는 기쁨을
불행한 자에게는 행복을
절망에 찬 사람은 희망을

이 한 몸 기꺼이 불살라
온 세상 밝히는 등불로 태어나리라

회상

수억 광년의 우주 공간에서
인연을 앞세우고 혜성처럼 나타난 사람을
누구도 모르는 혼자만의 가슴앓이
처음부터 무언가에 홀린 사람처럼
넋을 놓고 바라만 보고 때로는 생각만 하다가
깊은 늪으로 빠져들고 두려움도 잊어버렸던 그때

잠을 청해도 천정에서 내려다보는 듯
일어나면 곁에 함께 있는 듯
단 일 초도 없으면 안 될 것 같은 설레임
바라만 보아도 행복하였고
생각만 하여도 즐거웠던 그때 그 시절
어느새 내 안 깊은 곳을 차지하고 있는 연
잡으려 다가가면 어느새 저만치
달려가면 더 멀리 달아나 가버린다

지우려 하면 잡초처럼 돋아나는 상념들
털끝 하나 만져 보지도 못하고
마음만 속 태우고 아파하는 사이
점점 깊어져 가는 상처는 온몸을 천 갈래 찍어놓고
무정한 세월은 생각마저도 묻어 버리려 하네
단 일 초도 되돌릴 수 없고 잡아 둘 수 없는
세월에 묻혀 쓸려가는 상념을 어찌하나

노을빛 삶

보이지도 들리지도 않았습니다
주장만 있을 뿐 경청은 없었습니다

자세하게 보라는 두 눈도
한쪽만 보였습니다
많이 들으라는 두 귀도
한쪽만 들렸습니다
말은 적게 하라고 하나뿐인 입은
잠시도 쉴 사이도 없이
연속 포격으로 이어져 갔습니다

가뜩이나 빠른 세월인데
숨 쉴 틈도 없이 빨리 가 좋은 줄 알고

황금 들녘의 이삭들이
익을 수로 고개를 숙이듯
파란 하늘도 쳐다보고
들녘도 바라보며 달리지 않고
저녁노을 받으며 집으로 돌아가는 농부처럼
여유로운 노을빛 삶으로 돌아가고 싶어집니다

나를 버려야 산다

세상을 아무리 둘러보아도
내 것이라고 정한 것은 없다

몸에 걸치고 있는 옷가지도
모두 빌려서 사는 게 인생이다.

우리의 생명을 유지하는 산소도
나를 지탱하고 있는 육신도
내 것이라고 할 수가 없다.

자신을 버리고 마음도 비우고
오욕으로 가득 찬 육신의 욕망
영혼의 때까지도 지워버리자

병들지 않는 영원한 삶을 위해
나를 버려야 산다

인연이 뭐길래

잊을 수 있어도
지울 수 없는 인연

감출 수 있어도
보일 수 없는 인연

버림을 당할 수 있어도
버릴 수 없는 인연

먼 곳에 있는 것 같아도
그림자처럼 나타나는 인연

가을바람 타고 떠나는 인연이 아니라
봄바람 타고 돌아오는 인연으로 남고 싶어라

아름다운 삶의 길

현명한 등산가는
산을 오를 때보다도
산을 내려올 때 조심하고

슬기로운 사람은
목적을 달성했을 때보다도
정상을 지키는 데 노력한다

생각이 짧다 보면
무엇을 이루기 위해서
물불을 안 가리고 욕심만 남기며

바램이 달성되면 만족하지 못하고
과욕을 부리게 되어 끝내는
쌓아온 탑마저 무너지는 비운을

무작정 앞 만 보고 달리지 말고
천천히 자중의 미덕을 즐기는 삶이
행복으로 가는 아름다운 길인 것을

그때가 행복했었네

사람은 누군가를
사랑하고 그리워할 때가
기쁨이요 행복이었네

꽃잎은 떨어지지 않고
세월은 흘러가지 않고
제자리에 머무는 줄로만 알았네

조금씩 멀어져 가더니
조금씩 잊혀져 가더니
떠나려 하고 지워져 가려 하네

세월이 흘러간 뒤에야
꽃잎이 떨어진 뒤에야
사랑이 떠나간 후에야
그때가 행복했던 것을 알았네

여심을 어찌하리오

잡으려 다가서면
저만치 달아나고
잊으려 눈감으면
또다시 솟구치고
별이라도 따다주고
달이라도 건네주려
한 발짝 다가서면
두 발짝 물러나고
동아줄로 묶어둘 수도 없고
쇠사슬로 매어둘 수도 없는
혼신은 흔들어 놓고
마음은 엎질러 놓고
바람처럼 다가오더니
연기처럼 사라지려는
무엇으로 잡지 못하는
이 女心을 어찌하리오

바라만 보는 꽃

작은 꽃에서 큰 꽃까지
예쁜 꽃에서 미운 꽃까지
여기저기 꽃들의 세상

꽃이라면 꺾지는 말아 주세요
아름다운 꽃이라도
꺾으면 시들어 버리기에

꺾은 꽃이 시들었다고
버리지는 말아주세요
시든 꽃도 꽃이니까요

버린 꽃은 다시 줍지 마세요
주우면 다시 버리게 되어
두 번 버림받게 되니까요

꽃이 예쁘다고 아름답다고
꺾으려 말고 바라만 보세요
꽃은 바라볼 때가 아름답고 행복하기에...

허락하지 않았어도

내 마음을 빼앗아 가며
내 머릿속에 들어와
내 눈 속에 가득 차 있습니다.

내 심장을 뜨겁게 달구고
내 폐부를 찌르고 있으며
내 품속을 숨어들었습니다.

내 귀속을 속삭이며
내 코에 향기로움과
내 입안을 달콤하게 합니다.

내 정신은 혼돈 속에
내 육체를 삼켜 버리고
내 마음은 슬쩍 훔쳐갑니다.

그대는 내 모든 것을
통째로 빼앗아 아지랑이 타고
봄날의 창공 속으로 떠나가 버렸답니다.

모든 것은 머물지 않는다

옹달샘에서 시작한 물은
계곡을 따라 흘러내리며
강물이 되어 바다로 흘러간다

우리가 함께하는 자연도
겨울이 지나가면
봄이 뒤 따라오기 마련이며

좋은 일이든 궂은 일이 든
우리가 겪고 있는 모든 일도
끝없이 변화며 흘러간다

좋은 날이 있으면 어려운 날도 있고
만남이 있으면 떠남도 있는 것
고마운 마음이 떠나면 증오의 마음이 생기며

세상의 삶 어느 것 하나
제자리에 머물러 있지 않는다
모든 것은 머물지 않고 잠시 스쳐 갈 뿐이다

잠시를 참지 못해서 견디지 못해서
더 커다란 고통을 겪어야 하는 어리석음을
슬기롭게 지나칠 수는 없는 것일까

세월이 흘러도

세월이 흐를 만큼 흘러갔어도
그대를 지우려 애를 써도 지우지 못함은
그날의 추억이 남아있기 때문이며
머릿속을 비우려 해도 비우지 못함은
함께 머물던 날의 그림자가 있기 때문입니다

뜨거운 가슴을 식혀 보려 해도 식지 않는 것은
아직도 그대의 온기가 흐르고 있기 때문이며
끈을 놓으려 몸부림을 쳐보아도 못 이루는 것은
끈을 잡은 손이 떨어지지 않음입니다

보내려고 떠밀어도 보내지지 않는 것은
아직도 부여잡고 있기 때문이고
슬퍼도 괴로워도 웃고 있는 것은
별리의 깊은 상처를 애써 참으려는 것입니다

억만금을 주어도 단 일 초의 세월을
잡아두지도 되돌리지도 못하는 줄 알면서도
머릿속에서 떠나보내지 못하고 되새기는 것은
그대 속에는 내가 내 안에는 그대가
아직도 깊은 곳에 남아있기 때문이랍니다

그러려니 생각하고

내가 가지고 싶다고
마음대로 가질 수는 없는 것
내 배가 부르다고 해서
남의 배도 부를 것이 아니며
내가 좋아한다고 해서
좋아할 것이라는 생각은 아닙니다

돈을 주고 살 수 있는 것이라면
돈을 가지고 있으면 해결되겠지만
세상에는 수억 만금의 돈이 있어도
돈으로 살 수 없는 것이 있기 때문입니다

지위가 높다고 해서
부를 가지고 있다고 해서
원하는 것은 무엇이든지
마음대로 누릴 수 있을 것 같지만
하나의 기우요 착각입니다

때로는 이를 망각하고
뜻대로 이루지 못하여 분노로 표출하지만
분노하기 앞서 한 번쯤은 자신을 되돌아보며
세상만사가 물 흐르듯 순리에 따르는 것이기에
그러려니 생각하고 긍정의 마음으로 살아가렵니다

3부

석정원 뜨락에도

아~ 빈집이었지

간밤에 꿈자리에서
고향 집을 그리다가 깨어났다
누군가가 기다릴 것 같은
고향 집을 향하여 쏜살같이 달려간다

고갯길도 단숨에 넘고
구불구불 강변길도 잘도 달린다
두어 시간 걸리던 고향 집을
반시간은 당겨서 도착하고 말았다

열려 있을 줄 알았던 대문이 잠겨져 있다
얼른 열어 져치고 들어선다
인적이 끊긴 지 오래된 앞마당에는
낙엽만이 나뒹굴고 있었다

아버지는 몇 해 전 하늘나라로 떠나셨고
어머니는 몸이 아파서 도시로 떠나셨지

그런데도 왜 이렇게 달려온 거지
아버지가 보고 싶어서
어머니가 반겨주실 것 같아서
돌아서는 눈가에는 눈물이 흘러내린다
맞다. 아~ 모두가 떠난 빈집이었지

< 첫시집 꽃잎 허공에 파문을 빗다 중에서>

石花의 꿈

산골 중의 산골
오지 중의 오지
벽지 중의 벽지에서 태어나

파란 하늘 쳐다보며
초록 들판 뛰어놀며
흙먼지길 달리면서 자라나서

가진 것도 없고
채울 것도 없는
비울 것도 없이 빈털터리지만

화려하지도 않고
빼어나지도 않고
뛰어나지도 않은 사막의 장미꽃

나누고 비우고 베풀어
바르고 아름답고 건강하게
행복한 삶의 장미꽃을
피우려는 것이 석화의 꿈이랍니다.

고향 마을

고향 마을 입구에는
마을의 호위무사처럼 수문장처럼
당당히 서 있던 수호천사 느티나무

곁에는 마을 찾는 길손들
반갑게 맞이하고 잘 가라며
비가 오나 눈이 오나 묵묵히 서 있던 장승

무더운 여름철에는 그늘아래서
낮잠도 즐기고 장기도 두며
도란도란 이야기꽃을 피우던 사랑방

타관객지 멀리 떠난 자식들
행여 언제 돌아오나 기다리며
만나고 떠나 보내던 만남의 광장

정이 넘쳐나던 고향 마을 입구였는데
진화의 바람에 흔적 없이 사라져 버리고
추억 속에 묻어야 하는 아픔을 어찌 할이거나

< 고향 마을입구 느티나무를 생각하며 >

설날 귀향길

앞뒤로 늘어선 고속도로 차량 행렬
버스 터미널에 늘어선 사람들 행렬
열차를 기다리느라 늘어선 대합실 행렬

이른 새벽부터 어둠이 짙어가는 밤중까지
두 손에 들고 양어깨에 둘러메고
영화 속에나 나올법한 피난 대열 같은
꼬리에 꼬리를 물고 이어지는 행렬들

누가 뒤쫓아 오는 것도 아니고
빨리 오라고 재촉하는 것도 아닌데
차량들로 도로가 주차장 되어도 좋다
설레는 마음은 벌써 고향 앞으로

고향이 뭐길래 설날이 뭐길래
타관객지에서 시달리고 지친 몸과 마음도
오늘만큼은 행복뿐이요 기쁨뿐이네
날마다 날마다 오늘만 같아라
귀향길이 이렇게 즐거운 것을 누가 알리요

< 을미 설날을 맞아 귀향길에서>

생가(生家)

충청도 산골 중의 산골
오지 중의 오지 월악산 산촌마을에
힘겹게 지탱 해온 지
어언 이순을 훌쩍 넘은 옛집

초가지붕 토방에선 울음소리로
온 누리에 태어남을 알리고
대문에는 새끼줄에 고추 끼워 금줄 치던 생가

세월의 풍파를 견디다 못해
기울어지고 무너지던 옛집

새로운 탄생의 미명하에
무심한 장비는 잔재마저
산산조각을 내어 버렸답니다

마음의 고향이요
나의 꿈이 자라나던 옛집은
이제 흔적 없이 사라져 버리고

황랑했던 빈터에는
내일의 꿈을 담은
石庭苑으로 환생 되어 돌아왔답니다.

<생가의 환생을 생각하며>

석정원 뜨락에도

정든 내 고향
정든 우리 집
정든 석정원 뜨락에도

앵도꽃도
매실꽃도
목련화도 피어나고

민들레도
자운영도
제비꽃도 피어나서

모두가 떠나버린 고향의 빈 뜨락을
지키며 반겨주고 손짓을 하고 있어
허전한 마음속을 달래주려 합니다.

고향

사람으로 내가 태어난 곳
어린 시절 꿈이 자라던 곳
새로운 삶 찾아 떠나온 곳

나무에는 뿌리가 있으며
강물에는 새암이 있듯이
사람에겐 고향이 있다네

봄날에는 꽃들이 만발하고
여름날에 피라미 헤엄치고
가을날엔 들녘에 오곡백과
겨울에는 새하얀 설국 천지

고향은 떠날 수는 있어도
고향을 버릴 수는 없는 곳

어머니 품속같이 포근한
정든 내 고향 정든 석정원 찾아
귀거래사를 부르며
돌아가고 싶은 고향이어라

고향의 소리

봄이면
이 고을 저 고을
밭갈이하는
소들의 풍경 소리

여름이면
미루나무에
참매미 말매미
목청껏 울어대는 소리

가을이면
들녘에서
오곡백과가 영그는
배까지도 부른 소리들

겨울이면
초가지붕에 함박눈
소록소록 쌓여가는
겨울 깊어가는 소리

이제 소의 풍경소리도
매미 소리도 온 데 간 데 없고
초가집도 함박눈도 찾을 길이 없네
정겨웠던 고향의 소리는 모두 어디로 떠났는지…

중추절 감사절

하늘에는 뭉게구름이
파란 물감 보석 사이로
한가롭게 떠다니면서

들녘에는 오곡백과
황금 물결 파도처럼
바라보면 풍요 가득

산언덕에 나무들이
오색단풍 갈아입고
바람불면 흔들흔들

밤하늘에 중천에는
둥그렇게 보름달이
마음 가득 행복 가득

명절 중의 명절 팔월 한가위라
중추절인 오늘 행복 한가득히
이웃에게 감사 마음 전달하는 날들이어라

장독대

대문을 열고 들어서면
가장 양지바른 곳에 있어
집안의 흥망성쇠를 보듯이

대를 이어가며 간직하며
부를 상징이라도 하듯
큰 것에서부터 작은 것까지

옛집을 철거하고 신축하면서도
장독대만큼은 그대로 자리함은
집안 대대로의 기운이 서려 있고

바라만 보아도 어린 시절 추억이
항아리마다 남아있는 장독대여!!

가슴에 품고 꿈도 담아 오래도록
살포시 안아주며 살아가고 싶어라

벌초

고향의 이 골짜기 저 골짜기
사방에서 예취기 소리가 들려옵니다

명절 중의 명절 중추절을 앞두고
조상들의 묘소에 웃자라 버린
잡초를 뽑아주고 잔디를 자르려고

각지에서 흩어져 지내던 후손들이
오늘만큼은 모두 모여서 한마음 되어
뽑아내고 자르고 다듬어 주는 벌초하는 날

벌초도 낫으로만 자르던 시대에서
예취기를 사용하는 시대로 진화되었고

산소를 마치 머리 손질하듯이
정성껏 다듬는 우리의 고유 풍속 중 하나 벌초

벌초 풍속도 장례문화가
매장에서 화장으로 변화에 맞추어
우리 곁을 떠날 채비를 하고 있어
아쉬움이 허공 속을 맴돌고 있답니다

물레방아

고향 마을 입구에 들어서면
제일 먼저 반겨주던 물레방아

마을 입구 조금은 외 돌아진 곳에
초가지붕 이불 삼아 돌고 돌던 물레방아

낮에는 방아 찧느라 쉴 세 없이 돌아가고
밤에는 마을 처녀 총각들의 만남의 장소로

봄에는 종달새 노래 벗 삼아 돌아가고
여름에는 매미 소리 들으며 보리 방아를
가을에는 비둘기 소리 함께 벼 나락 방아를
겨울에는 참새때 쫓으며 먹거리 방아를

봄부터 시작하여 여름 지나고 가을 추수
그리고 겨울까지 사계절을 쉬는 날도 없이
돌고 돌다 보면 인생처럼 한해를 넘기고

사시사철 돌고 돌던 물레방아도
지금은 모두 어디로 사라져 버리고
아련한 추억 속으로만 남아 있을 뿐

세월의 물레방아는
영원히 돌고 또 돌아가겠지만
인생의 물레방아는
언젠가는 멈추는 그 날이 오겠지요

< 고향마을 입구 물레방아를 그리며>

석정원(石庭苑)의 꿈

충청도 두메 산골 중의 산골
앞을 보아도 산이요
뒤를 돌아보아도 산

산세가 험준하고도 오뚝 하기로
이름이 알려져 있는 월악산
가장 높은 영봉(靈峰)의 정기가 서려 있는

내가 태어나고
내가 자라난 곳
정든 내 고향 정든 우리 집

태어나서 자라고
이순에 이르기까지
한 번도 잊지 못한 정든 내 고향에

나의 꿈 석정원(石庭苑)이 새 모습으로 신축되어
풀내음을 맡으며 자연을 벗 삼아
제2의 인생을 보내려 하니

한없는 기쁨이요 즐거움뿐이랍니다

<석정원 개원 날에 2012년 7월 7일>

그리운 고향 집 · 1

초가지붕 위에는
박 덩이가 이리 뒹굴 저리 뒹굴

삐그덕 대문을 열고 들어서면
봉숭아에 둘러싸인 장독대가 한눈에

외양간에는 황소가
졸린 눈으로 되새김질 하고

담장 위에는 호박 덩굴
사이로는 호박이 주렁주렁

대청마루 천정에는 거미들의 놀이터
추녀 밑에는 제비들이 조잘조잘

아궁이에는 타다 남은 나무토막이
무쇠솥단지 안에는 감자와 옥수수가

모두가 논밭 일터로 나간 빈집에는
고양이가 늘어지게 낮잠을 청하는
옛 추억이 서려 있는 그리운 고향 집이어라

그리운 고향 집 · 2

저녁이면 안마당에
모깃불을 피워놓고
멍석 깔고 누워 밤하늘 별을 세다가

밤이 깊어지면
호롱불마저 꺼버리고
어린 시절의 꿈과 추억들이 서려 있는 곳

옛집은 흔적도 없이 사라진 자리에
새로 지은 석정원이 그때의 추억을
낙엽처럼 차곡차곡 간직한 채 서 있고

꿈속에서나
그려 보고 만나 볼 수 있는
그때 그시절 옛날의 정든 고향 집이어라

< 옛날의 정든 고향 집을 그려보며>

석정원 뜨락에 꽃잎이

봄에는
개나리 복숭화 매화 산수유까지
시샘하며 피어나고

여름에는
모란 접시꽃 장미꽃 불두화
빨강 하얀 자태까지 뽐내며

가을에는
달맞이꽃 부용화 나팔꽃 봉숭아
들국화 배롱나무도 덩달아 피어나고

겨울에는
바람이 불어올 때마다
하얀 눈꽃이 꽃잎 되어 휘날리고

정든 내 고향 정든 우리 집
석정원에 사시사철 꽃들이 피어나
뜨락에 꽃잎이 파문을 그려 주네요

보름달 마음은

보름달이 지구에서
가장 멀어져 가면 미니 문이라고

지구와 가장 가깝게 다가오면
크고 밝게 보이는 보름달을
그레이트문 슈퍼 문이라고 좋아서

한 달에 보름달이 두 번 떠오를 때
두 번째 뜨는 달을 불루 문이라 하여
마치 불길의 상징으로 꺼려하고

초저녁에 뜨는 초승달
새벽녘에 뜨는 그믐달
달빛이 붉게 빛나면 레드문이라고 하지

달의 크기는 항상 똑같은데
외면에 보이는 크기에 따라
일희일비하는 사람들의 마음을

중천에 떠 있는 달의 마음은
어느새 알고라도 떠 있는 듯
미소를 짓으며 손사래 치고 있답니다

등잔불

서산에 해가 넘어가고
땅거미도 제집을 찾아들 때쯤이며
이집 저집 하나씩 둘씩
희미한 불빛이 켜지기 시작하며

저녁상을 물리고 나면
불빛이 점점 더 밝아 보이고
등잔불을 사이에 두고 가족들이
옹기종기 모여들기 시작하며

어머니는 헌 옷가지 기우시고
아버지는 볏집 모아 새끼 꼬우시며
자식들은 엎드려 숙제하느라

등잔불을 중심으로
온 가족이 오순도순
정담고 나누던 그때 그 시절

먼먼 옛날이야기처럼 들려오고
다시 돌아올 수 없는
추억 속으로만 그려보는 등잔불이어라

귀향길

봄이면
어린 자식에게 주려고
진달래 꺾어 나뭇짐에 꽂아
돌아오시던 아버지 마중 가던 길마저도
지금은 회색빛 시멘트 길로 변하였고

여름이면
더위를 식히려 멱감으로 동무들과
달려가던 개울가는 온데간데없고

가을이면
고추잠자리 쫓아다니다 배고프면
대추며 알밤 주어 먹던 뒷동산엔
잡목만이 무성하며

겨울이면
얼음 지치다 목마르면 눈을 덥석 한입 물던
고향의 개울가와 들판은 온데간데없고
비닐하우스만 덩그러니 바람에 휘날리네

고향산천을 뒤로하고 금의환향하겠다고
검정 고무신 신고 동구 밖 길을 떠나오던 날이
어제 같았는데 어느덧 반세기가 훌쩍

먼 훗날 돌아가는 고향길은
그립던 부모 형제와 동무들은 어디 두고
향기 없는 꽃마차에 실려 돌아가야 하는
서글픈 귀향길이 될 것 같네요…

우리 어머니

청풍명월의 고장에서 태어나셔서
꽃다운 열아홉 되던 해에
산 설고 물 설은 우리 마을로 시집 오셔서
90평생을 외지로 떠나 보신 적 없이
오직 농사일로 지내오신 우리 어머니

비가 오나 바람이 부나
봄부터 시작된 농사일은
가을 추수를 끝으로 겨울철에만 잠시

그렇게 정정하시던 몸은
농사일에 자식 키우랴 시부모 모시랴
혼자 열 가지 역할에 망가지고 무너지셨고
손과 발은 야생 동물처럼 거칠어지셨으며
새우등처럼 굽어 하늘 쳐다보기조차 힘들며

자식들 뒷바라지 하고 나니
206개의 뼈마디 고통만 남고
인고의 세월이 남겨 준 것이라고는
병마와 싸워야 하는 고통의 날들
자나 깨나 자식들 잘되기를 바라는
모든 근심 걱정 모두 내려놓으시고
남으신 날들만이라도
부디부디 편히 보내세요.
우리 어머니

석정원(石庭苑)

백두대간의 줄기 타고
내려오다 우뚝 솟은 월악산
그중에서도 제일 높은 곳 영봉(靈峰)
높이가 자그만치 1094m

뒷쪽에는 월악산이 굽어보고
앞으로는 실개천이 흐르는
내가 태어나고 자라난 정든 내 고향
지번(地番)이 또한 1094번지

이 터 위에 세워진
정든 내 고향
정든 우리 집
이름하여 석 정 원

비록 오지의 산골마을이지만
나의 어린 시절 꿈이 무럭무럭 자라나던 곳
반세기를 훌쩍 지난 지금까지도
항상 나를 반겨주고
내 마음의 안식처인 정겨운 石庭苑!

고향에도 봄이

열세 살 소년이 초등학교를 마치고
고향 산천을 뒤로하고
타관객지로 떠나오던 그때도 봄날이었지

봄이면 뜰에는 산수유가
노랗게 피어나 봄이 왔음을
제일 먼저 알려주었는데

떠나올 때 까만 머리는
어느새 반백으로 변했건만
정든 내 고향 정든 우리 집은
지금도 잘 있으려나

그 시절로 되돌릴 수도
되돌아 갈 수는 없지만
올해도 봄꽃들이 피어난
고향의 봄을 찾아 떠나가 보렵니다

4부

능소화 기다림

무궁화 삼천리

북쪽으로는
백두산 천지 연못에서

남쪽으로는
한라산 지나 마라도에

동쪽으로는
울릉도 지나 독도에

서쪽으로는
백령 연평도 마을마다

우리 한민족 정기 무궁화가
삼천리금수강산 방방곳곳에
자자손손 대를 이어 피어나리라

<2015년 제4회 무궁화문학상 출품작>

배롱나무 꽃

배롱나무 그대는
어디에 쓰려고 그렇게
몸을 단단하게 단련을 시켰는가

온몸을 다하여
누구를 기다리느라
그렇게 빨갛게 타오르는지

여름 불볕더위도 참아가며
온몸을 빨갛게 담금질을 하는
말 못 할 속사정이라도 있는지

작은 꽃송이 하나하나가 모여
꽃다발을 이루고 꽃다발이 모여
불타오른 붉은빛 무리 때를 이루었구나

불타는 마음을 사랑의 정열을
빨갛게 휘감은 배롱나무 꽃
그 마음을 어찌 알겠는가

달맞이꽃이여

님이시여 님이시여
사랑하는 님이시여
그리운 님이시여
이제나 오시려나
저제나 오시려나
기다림 속에 묻혀
시간도 잊은 채 지내다 보니
어느새 해는 서산을 넘고
사방에 어둠이 내려오고
별빛도 졸리워 할 때쯤이며
온종일 기다림의 하소연을
중천에 떠오르는 달을 향하여
미소로 건너도 보고
하얗게 흐르는 달빛에게
노오란 꽃 입술을 슬며시 던지며
밤마다 피어나는 달맞이꽃이어라

목련꽃

담장 넘어 고개를 쭉 내밀고
바깥세상을 구경이라도 하려는가

잎새도 나기 전에
꽃망울부터 터트리고
오는 이 가는 이 마음까지 담아
회색 나뭇가지에 피어난 꽃

북쪽 바다의 신을 사모하다 끝내는
이루어질 수 없는 사랑의 응어리가
하얗게 승화되어 피어난 하얀 목련꽃

북쪽 바다신의 애절하고 숭고한
연정의 전설이 담겨있는 자주 빛 목련꽃

산고의 고통을 참으며 피어나
해산의 기쁨도 누리지 못한 채
낙화유수 되어버리는 비련의 목련꽃 운명이어라

나팔꽃

오늘도 시작이다
하늘을 향해 기어오른다
지치면 밤새 쉬었다가 다시 시작하고

오르다 못 오르면
내년에도 계속해서 오르려고
꽃씨까지 만들어 대를 이어가는 꽃

저녁이면 잠깐 눈을 붙이고
동트는 아침이오면 자주색 나팔 되어
한바탕 부르고는 다시 시작하는 나팔꽃

서로 어깨동무하며
오르는 기세를 바라보니
하늘까지라도 오를 것 같은 나팔꽃이여!

할미꽃

산모퉁이 돌아서면
양지바른 곳곳마다
이름 없는 묘지들이 여기저기

지난날 영화는 어디 갔는지 알 수도 없지만
막내딸 자식을 찾아가다가
쓰러진 자리에 피어났다는 전설의 꽃

무엇이 그리도 수줍은 것일까
무엇이 그렇게 부끄런 것일까

삶의 고통을 견디어 보려는가
고개를 숙인 채 자주 빛 입술만
슬며시 열었다가 닫아 버리고는

세월의 여한을 잊으려는 듯
하얀 머리카락을 풀어헤치고
무덤가를 맴도는 할미꽃의 일생이어라

벚꽃

사람의 인생길처럼
봉우리 맺기까지의 오랜 기다림

속 타는 마음 같은 까만 나뭇가지
끝마다 봉우리가 맺혀 준비하고
마침내 청춘만큼이나 발랄하게
연두빛으로 화사하게 피어난다.

화끈하게 피어날 때는
세상에서 가장 부럽지 않았는데

봄비가 휩쓸고 간 자리에는
꽃 비가 되어 내리고 던져지고
꽃잎은 생의 모두를 내려놓은 듯
허공을 향해 나르고 흩어져 버렸다.

오가는 발길에 짓밟혀도
비명 한번 못 지르고
소리 내어 울지도 못하고
짧은 생을 마감해야 하는 비운의 꽃

능소화 기다림

임이시여!
어찌도 그렇게 무정하시나요
까만 밤을 하얗게 보내시고
먼동이 터오자 서둘러 떠나신 그 자리
처자의 마음을 뿌리채 흔들어 놓고는
바람처럼 왔다가 바람처럼 가버린 임이시여

꽃잎 떨어지는 소리에도 내다보며
천둥 빗방울 소리만 들려도 일어서고
낙엽 떨어지는 소리에도 잠이 깨고
눈이 내리는 밤이면 온밤을 불을 켜놓고
사계에 베인 상처 아물지 않은 임이시여

하루밤의 사랑이 뼛속까지 녹아들고
임을 향한 그리움의 영혼은 구천을 떠돌고
기다림의 분신은 빨간 부용화 꽃으로 환생 되어
발걸음 소리라도 들으려 담장 넘어 바라보며
임의 그림자 따라 담장 위로 기어오르고 있답니다

사과꽃

나무는 회색이요
꽃잎은 흰색이고
꽃술은 노란색이며
잎새는 연두색으로

다가서서 바라보면
다섯 잎새가 눈이 부실 만큼 하얗게
멀리 서서 바라보면
흰색 물감이라도 엎질러 놓은 듯하다

부끄러움이 모인 것일까
수줍음이 쌓인 것일까
겉은 빨갛게 빛나 보여도
속살은 같이 뽀얀 사과 꽃

이팝나무 꽃

오월에 나뭇가지에
때아닌 폭설이라도 내린 듯

멀리 물러나서 바라보면
솜사탕이라도 걸어 놓은 듯
눈꽃주머니가 매어 달린 듯

꽃술 하나하나 모여 한 송이 꽃을
꽃 한 송이 한 송이가
뭉게구름 같은 하얀 꽃나무 되었네

입하 무렵 피어난다고 하여
흰 쌀밥 같이 희다고 하여
붙여지게 되었던 전설 같다는 이름은

사랑의 꽃말 답게
슬며시 마음을 내밀어 보는
영원한 사랑의 이팝나무 꽃이어라

모란꽃(목단)

목단 모란꽃 이름처럼
화사하고도 우아함이
꽃잎 술에 넘쳐나고

나무 꽃가지 자락마다
토실토실한 봉우리는
활짝 대박 꽃 이루 내고

꽃잎 만큼은 넉넉하고
화려함에 유혹되어
왕자의 비애가 서려 있는 꽃

여인 내의 치마 옷자락에
화폭에도 자주 등장하는
화려함과 부귀영화의 꽃
그 이름도 아름다운 모란꽃

장미꽃이여

사랑의 마음이
빨갛게 익었단 말인가

수줍은 가슴이
빨갛게 물든 것일까

뜨거운 심장을
보란 듯 열어서 보였나

청춘의 심볼이
꽃으로 환생된 것일까

여기를 보아도 저기를 보아도
붉은색 천들을 담장에 걸친 듯

장미꽃이여 그대의 몸으로
곱게 칠하고 물들여 주소서

개망초 꽃

산에서 들에서 돌보는 이 없어도
어느 곳이든 잘 자라나
뽑고 뽑아도 끈질기게 살아나며

중국 초나라가 망할 때
한일합방으로 대한제국이 망할 때
피어났다는 전설 같은 전설 속의 꽃

꽃이 필 때는 고개를 쭉 뽑아 수개의 꽃가지를
가지마다 계란 후라이 모양 꽃을 피워내어
바람 불 때마다 오가는 사람에게 유혹에 손짓하고

군락을 이룬 꽃들은 눈밭처럼 하얗게
꽃 이름보다는 아름답고 수수한
화해의 꽃말이 담겨있는 개망초 꽃
한 아름 꺾어서 안겨줄 사람 찾아 떠나가렵니다.

작약꽃(함박꽃)

드넓은 대지를 가르고
머리채 흔들며 솟구쳐
세상에 탄생을 알리는

모란은 꽃나무요
작약은 풀꽃으로
너무도 흡사하여

모란이 지고 나면 작약이 피어나
모란은 향기 없는 왕자의 꽃이요
작약은 향기 짙은 공주의 꽃으로

수줍다는 꽃말과는 다르게
함박웃음으로 피어난 꽃들이
그윽한 향기를 토하여 유혹의 손길로
오가는 이를 슬며시 당겨보는 작약 꽃이어라

무궁화 예찬

회색빛 꿋꿋한 줄기는
우리 민족의 기상처럼
바르고도 당당함이 배어있다.

손바닥을 펼친 듯한
모양새의 파란 잎새는
청춘의 상징 같은 패기가 보인다.

하얀 꽃잎은 백의민족을
붉은 꽃술은 뜨거운 심장 느끼며
흰색 붉은색의 조화로움 아름답다.

피어나면 오래 간직함은
백의민족 끈기와도 같은
무궁화여 영원히 피어나리라

<제4회 무궁화문학상 출품작>

부용화

부끄러움 때문일까
수줍음을 타는 걸까
얼굴을 감추려는 듯 고개를 슬며시

용모가 빼어나고 아름다웠던 기생 부용
그 이름에서 유래 되었다는 부용화
수려함이 볼수록 흠뻑 젖어들게 하고

꼿꼿한 절개를 자랑이라도 하려는지
하늘을 향하여 치솟은 꽃봉오리들
아침에 피었다가 저녁에는 닫아 버리고

가슴으로 안아주고
마음으로 담아내는 부용화
순결함이 촉촉이 녹아내리고 있다

오가는 길손을 유혹이라도 하려는지
바람이 불 때마다 너울 춤사위를
바라만 보아도 마음마저 흔들거리네

봉숭아 꽃

울타리 밑에 피어난 꽃
빨간 꽃잎을 따고
파란 잎새를 따서
손톱에 발톱에 묶어두고
자고 나면 빨갛게 물든 봉숭아

일터로 모두 나간 빈집을
해충의 접근도 막아주고
오가는 길손에게는
고운 입술을 내밀어 보고
매미 울음소리 들으며 오수를 즐긴다

가을날에는 주머니를 터트려
까만 씨앗을 창공으로 던져
다시 만날 것을 약속하는
순박하면서도 슬기로움까지
묻어나게 하는 봉숭아꽃이어라

달맞이꽃

먼 길 떠난 사랑하는 님
무사귀환 소원이라도 비는 것처럼
두 손을 기도하듯
다소곳이 모은 채 달을 향하여
유혹의 손길이라도 던져 보려는 듯

밤이 깊어가는 줄도 모른 채
새벽이 오는 줄도 모르고
달빛을 쫓아 다니다가
먼동이 틀 때쯤이면
조린 듯 수줍은 듯
입술을 꼬옥 다문 채
아침을 맞이하는 달맞이꽃
너의 정성은 달빛처럼 녹여 내리리라

능소화는 피어나고

하룻밤의 스쳐 가는 사랑이라 해도
처자의 마음을 갈기갈기 휘져어 놓고는
새벽달이 기울기 전 후울쩍 떠난 님이여

뻐꾸기 우는 봄이면
꽃잎들을 따다가 뿌려도 놓아 보았고

천둥 치는 여름날에
빗소리만 들려도 밤잠을 설치고

낙엽이 떨어지면
주워다가 예쁘게 깔아도 놓았고

하얗게 눈 내리는 밤이면 오시려나
추위도 잊고 창문까지 열어 놓았소

삼경을 넘어 잠을 청하기를 여삼추
천추의 세월이 흘러도 그리운 마음은
빨강 꽃으로 환생되어 여름날이면 담장곁에서
오는 이 가는 이 소매 자락 부여잡고 물어본다오

* 궁녀인 소화 처자가 어느 날 임금께서 처소에 다녀간 뒤 이제나저제나 기다리다가 처소에서 죽음을 맞이하게 되었고 그 자리에 피어난 꽃을 능소화라고 하는 전설이 있으며 꽃말도 “기다림” 이며 사랑이 눈을 멀게 하 듯 능소화 꽃 가루는 눈에 들어가면 위험하므로 조심해야 됨.

5부

청풍명월

너른고을 예찬

한양 도읍지를 사수코자
온몸으로 성벽을 쌓아
국난을 지켜온 역사의 현장 남한산성

태백의 검릉소에서 시작한
한강의 젖줄 아리수가 흐르며
넓고도 넓은 자연을 품고 사는 너른고을

질 좋은 점토질을 모아 모아
도공의 깊은 혼을 불어넣고
오백 년 숯가마로 빚어 내린 왕실 도자기

애환의 역사를 오백년 왕실도자기에 품고
우리의 생명수 아리수와 더불어 살아가는
고을 중의 고을 너른고을이여 영원하여라

<너른고을 백마산아래서>

목계 나루터

태백산 검룡소에서 시작하여
정선 단양을 거쳐 온 남한강 따라
산촌 고을에서 싣고 온 산나물
중원들판에서 가져온 농산물
목계 장터에서 모으고
여주 이포나루를 거쳐서
삼일이면 마포에 도착한다

나루터에서 장마당 펼치면서
대포잔도 걸치고 휴식도 갖고
한양 소식 담고 생필품 짐 꾸려
한강을 거슬려 오다 보니
구일 만에 도착한 목계나루 장터

중원의 물류 민심이 한양으로
한양의 소식 물류가 중원으로
중원과 한양의 물류와 마음이
어우러진 목계 장사꾼 외침 소리가
사방에서 귓전을 스쳐 가는 목계 나루터

충주호수

백두대간 태백산 검룡소 새암에서
솟아오르기 시작한 물 한 방울이

태백, 영월 동강을 거쳐
단양팔경 도담삼봉과 옥순봉을 지나

비단처럼 아름다운 금수산을 보며
청풍명월의 고을에서 잠시 쉬었다가

월악산과 송계계곡 절경을 담아
충주 고을 휘감은 호수를 이루 내었고

끝내는 닭 울음소리가 들린다는
계명산 앞에서 멈추고 말았다네.

앞을 내보니 우륵의 탄금대와
우리나라 중앙을 알리는 중앙탑까지

이 고을 저 고을 명산대천 물을 담아
호수를 이룬지 30년 세월의 충주호수

한벽루에 올라보니

동쪽으로는 금수산
서쪽으로는 비봉산
그 사이로는 남한강이
도도히 흐르는 강변 언덕에

청풍명월의 고장 청풍 고을
풍객들이 모여서 풍류를 즐기던
위풍당당하던 한벽루였는데

수몰의 위기를 모면하려
망월산성으로 피난 가듯
옮겨 온 지 어언 30년 세월

풍객도 그때의 찬란하던 모습도 떠나고
온갖 풍상에 골 깊은 싸리나무 기둥과
세월의 먼지로 가득 찬 마루장 뿐이네

청풍명월

동쪽으로는 금수산이 자리 잡고
서쪽으로는 비봉산이 내려앉고
그사이로는 남한강이 도도히 흐르며

봄이면 고을고을 꽃 바람이
여름이면 강바람이 불어오며
가을이면 황금 물결 오곡 바람이
겨울이면 살을 에는 듯한 바람이 불며

사시사철 맑고 고운 바람이 불어오고
보름날이면 망월산에 달까지 떠오르는
이름하여 청풍명월의 본고장
청풍 고을은 청풍호 속으로 묻혀져 버리고

위풍당당하던
한벽루. 금남루. 팔영루는
망월산성으로 옮겨 앉아
그날을 영화를 말없이 지켜보고 있구나

잊지 않겠습니다

아름다운 금수강산 삼천리를
붉게 물들였던 날이 어언 65년
두 번 다시는 생각조차도 싫은 한국전쟁

같은 피가 흐르는 배달민족의 자손들이
이데올로기를 내세워 남북으로 갈라서
누구를 위해서 피를 흘려야만 되었는지

그날의 사무치는 상처는
아직도 치유되지 않은 채
영원히 함께 안고 가야 하는 안타까운 현실

오늘의 대한민국을 지켜내기 위해서
이름 모를 고지 산하에서 온몸으로
산화하신 영령들께 추모를 드리오니

임들의 고귀한 조국 사랑은
영원히 우리들 가슴에 남아
고이고이 간직되고 잊지 않겠습니다.

< 한국전쟁 제65주년을 맞이하여 2015. 06. 25>

칠월칠석 七月七夕

천제天帝의 손녀 직녀는 길쌈을 잘하고
목동의 신분의 견우는 농사일을 잘하여
천생연분으로 결혼을 시켜놓았더니
결국은 사랑에만 깊이 빠진 나머지
길쌈도 안하고 농사일도 하지 않아
둘은 은하수강을 두고 갈라서게 되는 비운을

이들 그리움을 딱하여 일 년에 한 번
은하수 강을 건너 만나도록 허락하였으나
강물이 범람하게 되어 배를 띄우지 못하는
이 딱한 소식을 알아들은 까마귀와 까치가
만남의 다리를 놓아주니 이름하여 오작교

두 사람은 일 년 만에 다시 만나게 되어
밤이 새는지도 모른 채 사랑을 나누다가
새벽 되어 돌아가야 하는 작별이 서러워
눈물이 비가 되어 내리니 七夕雨라네

부부란 각자의 본연의 임무를 잘 지켜갈 때
진정한 가치도 함께 누릴 수 있는
사랑. 그리움. 만남의 소중함을
전설로써 일게 워 주는 칠월칠석 날이어라

대청봉

한반도 백두대간 등줄기
금강산 구경하고 내려오다가
제2의 금강산을 이룬 설악산

북쪽으로는 미시령 고갯길이
남쪽으로는 한계령 굽이굽이
앞쪽으로는 검푸른 동해바다

곳곳에는 천 년의 고찰들이
설악산의 정기를 담고 담은
국태민안 기도 독경 소리

설악산의 정기를 담아
1.708m 쌓아올린
설악산의 최고봉 대청봉이어라

너른고을에도 새해가

왕실 도자기의 고을
풍류를 즐기는 고을
국난을 지켜온 고을

앞쪽으로는 백마산이
뒤쪽으로는 검단산이
저 멀리로는 무갑산이

앞으로는 경안천이 흐르고
뒤로는 곤지암천이 흐르고
남한강 북한강과 만나
우리의 생명수 팔당호수를 이루었다네

천해의 아름다운 이곳에
우리의 삶의 터전이요 보금자리인
고을 중의 고을 너른고을*
지상낙원 너른고을에도
을미년 행복의 새해가 떠오르기를 소망합니다

* 너른고을 (경기도 광주)

77인을 추모하며

우리나라 고속도로 제1호
서울에서 부산까지 428킬로 미터
1970년 7월 7일 개통

조국 근대화의 가치 아래
고속도로 불모지를 개척자의
일념으로 이루어낸 경부고속도로

제대로 된 장비 하나 없이
산을 뚫고 강을 건너기 위해
오로지 피와 땀으로 맺혀진 열정

열악하고 위험 속에서도
오로지 경부고속도로 건설을 위해
산화하신 77인의 고속도로의 영원한 영웅들

금강이 흐르다가 잠시 쉬어가는
옥천군 동이면 조령마을 언덕에 자리한
경부고속도로 순직자 77인을 모신 위령탑
임들의 숭고한 희생정신을 경건히 추모합니다.

<경부고속도로 개통 45주년을 맞아 2015년 7월 7일>

호국보훈의 달

가족이 모여 사는 보금자리 가정
성실히 근무하는 삶의 터전
더불어 살아가는 아름다운 사회

우리들의 행복한 가정을
우리들의 즐거운 직장을
우리들의 기쁨의 사회를
미래의 큰 꿈으로 키워주고
행복한 세상으로 반겨주는 조국

드높은 하늘에서 저 넓은 대지에서
거칠은 바다에서 우리를 대신하여
나라를 위하고 조국을 위해서
산화하신 호국의 영령들이 잠든 6월......

임들의 뜨거운 애국심
호국의 불타는 나라 사랑 희생정신은
영원한 불멸의 꽃으로 피어나고 있답니다
호국의 영령들이시여 고이고이 잠드소서

<호국보훈의 달을 맞이하여>

태극기는 휘날리고

아름다운 금수강산
사랑하는 나의 조국
백두에서 한라까지
독도에서 백령도까지

사랑하는 태극 물결
하늘에서 휘날리고
바다에서 휘날리고
우리들의 가슴마다

광복으로 찾은 조국
태극기로 나라 사랑
자랑스런 대한민국

<광복70주년 맞아 2015년 8월 15일>

내 나라 내 조국

자랑스런 내 나라
대한민국에 태어남을
영광으로 여기며

자랑스런 내 조국에
살아가고 있다는 것은
행복으로 생각하며

축복된 내 나라 내 조국
대한민국과 함께 살아가는
이 기쁨을 온 누리에 고하노라

하늘엔 영광이 땅에는 축복이
우리들 가슴마다 감격이
광복을 찾은 지 어언 70돌

내 나라 이 땅에서 태어나고
내 조국 이 땅에서 살아가며
내 나라 내 조국에서 묻히게 됨은

무한의 영광과 기쁨으로
내 나라 내 조국
대한민국이여 영원하여라!

<광복절70돌을 맞이하여>

광한루 뜨락에

우리나라 최초의 애정소설
춘향전의 본고장 남원 고을
달나라 선녀가 살았다는 월궁
월궁을 옮겨 온 광한루의 남원

달빛 그림자 어른거리는 호수에는
섬이 셋이요 다리도 세개라네
춘향의 절개를 닮은 대나무 동산
몽룡의 사랑을 담은 배롱나무숲

한양 땅에는 경회루가 있다면
남원 땅에는 광한루가 있다네
평양의 부벽루 진주의 촉석루
밀양의 영남루 으뜸이 광한루

애절한 사랑이 담긴 오작교
춘향의 정절이 담긴 광한루
바라만 보아도 그때 영화가
여기서 저기서 들려오는 광한루 뜨락이어라

<남원고을 광한루 뜨락에서>

구담봉龜潭峰

앞을 보니 금수산이
잡힐 듯이 건너편에
돌아보니 월악산이

저 멀리서 내려보고
오른쪽은 제비봉
왼편에는 옥순봉

발아래를 내려다보니
태백에서 시작한 남한강이
명경지수 청풍호수 되어 너울거리고
청풍호에서 바라보니

기암괴석과 돌기둥 절벽들이
거북이 등처럼 장관을 이루어내고
청풍호를 수반으로
산수경석 수석 되어
시심을 유혹하는 구담봉이어라

탄금대

한반도의 중앙에 자리한 중원의 땅
동쪽에는 닭의 울음소리가 계명산이
남한강이 호수를 이루어낸 충주호

신라 시대 우륵이 강언덕에서
굽이치는 강물을 바라보며
가야금을 타며 풍류를 즐겼다는 탄금대

발아래는 명경지수 남한강이
달래강까지 합류돼 잔잔한 호수 위로는
나룻배가 한가로이 오수를 즐기고

아름다운 이곳을 빨갛게 물들인 것은
임진왜란 당시 왜군을 막아 보겠노라고
신립장군이 치열하게 싸웠던 열두대

우리나라 중앙을 알리는 중앙탑
한양의 물류가 오르내리던 목계 나루터
임진왜란의 아픔을 잊으려 눈을 지그시 감고
남한강을 바라보고만 있는 탄금대이어라

* 임진왜란 (1592-1598) :이조 선조 임금시절 왜군이 부산에 상륙 동래를 뚫고 밀양 문경세재를거쳐 충주 탄금대에서 신립장군이 배수진을치고 치열한 전투를 벌였으나 결국 …

청풍호수

태백산 검룡소 새암에서 솟아올아
태백 정선을 지나 영월에서 숨 돌리고
단양팔경 지나 청풍 고을로

오른쪽을 바라보니 금수산
왼쪽으로 바라보니 비봉산
천리길 달려오다 머무른 곳

강변 언덕에 서 있던 한벽루에는
맑은 바람 밝은 달빛 받으며
강물을 바라보며 풍류 한 수 내려놓고

청풍 부사의 호령소리
청풍 읍내의 저잣거리
팔영루 금남루 한벽루 자리

남한강을 오가던 나룻배
교리 북창 황석 나루터마저도
통째로 삼켜버린 채 시치미 떼고

유람선이 물살을 가르고
기암괴석 금수산 절경 바라볼 때마다
감탄 소리가 저절로 나오는 청풍호수여

남원 고을

지리산 천왕봉 정기를
온몸에 감싸고 자라온 나무를
천 년의 옻으로 갈아서 입히고
한양 몽룡의 사랑과
이곳 춘향의 정절이
함께 살아서 숨 쉬는 광한루 뜨락

가을을 느끼고
겨울을 나려면
우리 몸 보양에 최고의 추어탕
볼거리 전통이 서려있고
느낌의 문학이 살아있고
힐링의 문화을 이어가는 이곳

사람 사는 내음이 묻어나고
들꽃 향기로 피어나는 남원 고을에서
천 년의 옻으로 갈아입고
창공으로 솟구치고 싶어라

비봉산에 올라보니

청풍명월의 고을을
봉황이 날개를 펴서 감싸듯
수려한 비봉산에 올라서

앞을 바라보니 아름다운 금수산이
돌아보니 가물가물 월악산이
발아래는 청풍 문화재 단지 망월산이

사방으로 휘감아 친 청풍호가
황석 북진나루터 마저 뒤덮어
사공도 뱃전 머리도 찾을 길이 없네

청풍명월의 본고장 청풍 고을
부사가 호령하던 읍내 거리는
청풍호가 뒤덮어 호수를 이루었고

문객들이 모여 남한강을 바라보며
금남루 한벽루 팔영루에서 즐기던
풍류 소리가 들리는 듯한 비봉산

구월 구일 마음으로

하늘에는 뭉게구름 피어나고
땅위에는 오곡들이 무르익고
우리들의 가슴마다 행복가득

산과들은 저마다의 아름다움
들판에선 황금물결 출렁이고
앞산에서 뒷산에서 가을소리

명절중의 명절이란 추석명절
중천에서 지켜보는 대보름달
이웃들과 함께하는 좋은날들

알고보면 모두모두 좋은이웃
배려하면 더욱좋은 이웃사촌
청명하고 아름다운 구월같이
감사하는 마음으로 지내리라

정월 대보름

한해의 소원을 가득히 담은
정월 대보름달이 수리봉에 떠오르네

농부는 풍년이 쏟아지기를
연로하신 어르신은 무병장수를
가장은 가족의 안녕을 담아서

불행한 사람은 행복의 자리로
가난한 사람은 부자의 꿈으로
고통의 사람은 평안의 속으로

미워하는 마음은 사랑의 마음으로
증오하는 마음은 배려의 마음으로
이별하는 마음은 재회의 마음으로

소원하는 마음을 채우고 담은
정월 대보름 꿈과 행복의 달빛이
갈증으로 메마른 가슴마다 젖어들고
온 누리에 내릴 수 있기를 소망합니다.